GO
HAIE SIND

SPORTS

In der Abseitsfalle

GESCHRIEBEN VON
ANDREAS SCHLÜTER
UND IRENE MARGIL

MIT BILDERN
VON
MICHAEL VOGT

KJB

Liebe Leser, liebe Leserinnen,
diese Geschichte ist frei erfunden.
Nichts davon ist wirklich passiert.

Wir danken Zeljko Ristic, ehemaliger Jugendtrainer bei Hertha BSC und heute Streetworker, für seine fachliche Beratung. Er gehört in Berlin zu einem Organisations-Team, das regelmäßig Straßenfußball-Touren veranstaltet.

2. Auflage: Februar 2018
Erschienen bei FISCHER KJB

Umschlaggestaltung: GarstenYoung Marketing, Kommunikation für junge Zielgruppen, unter Verwendung einer Illustration von Michael Vogt
Satz: pagina GmbH, Tübingen
Druck und Bindung: CPI books GmbH, Leck
Printed in Germany
ISBN 978-3-7373-4083-0

INHALT

Kapitel 1

EINE TOLLE ÜBERRASCHUNG

Pedro stand auf seinem Bett und machte sich so lang wie er konnte. Auf Zehenspitzen pinnte er eine Flagge direkt zu den Porträts seiner Lieblingsspieler. Neben dem Bett lagen fein säuberlich gefaltet weitere brasilianische Nationalflaggen in verschiedenen Größen und aus unterschiedlichen Materialien. Pedro war mächtig stolz auf seine Sammlung, die er nun auflösen und der Spendengala zur Verfügung stellen wollte. Der Erlös sollte einem Bolzplatz für die Kinder, die in den Containern wohnten, und deren Nachbarn zugutekommen. Nur eine Flagge, die größte, behielt er. Pedro sprang vom Bett und betrachtete die Wand.

In einer Reihe hingen dort Thomas Müller, Jonas Hector, Ronaldo, Mesut Özil, Julian Weigl und: das Foto mit Jérôme Boateng und ihm selbst. Boateng hatte den linken Arm auf Pedros Schulter gelegt und streckte den rechten Daumen hoch. „Niemals aufgeben!", lautete Pedros Motto, das er von Boateng gelernt hatte. Seit dem Tag ihrer Begegnung im Vereinsheim hatte sich Pedro schon öfter daran zurückerinnert, besonders in Momenten, in denen er traurig oder ratlos war. Neben diesem Bild hing nun die Nationalflagge von Brasilien. Sie ließ ihn an seinen Großvater denken. Pedro wollte ihm später gleich ein Foto von der Wand nach Brasilien senden. Er war sehr gespannt, ob Opa sein Versprechen einhalten konnte. Er wusste, Opa würde alles dafür tun, um seinen Wunsch nach einer Autogrammkarte von Neymar zu erfüllen.

„Überraschung von Opa Antonio für dich!", rief

seine Mutter genau in diesem Moment durch den Flur. Sie kam in sein Zimmer und streckte ihm ein Paket entgegen.

„Ein Paket?“, wunderte sich Pedro, nahm es und riss es sofort auf. Für ein Autogramm brauchte man doch kein Paket?

Im Karton lag ein Fußball! Pedro nahm ihn heraus und betrachtete ihn von allen Seiten. Da erkannte er es – Wahnsinn!

„Schau mal, Mama! Neymars Autogramm ist auf dem Ball!“, rief er und konnte es kaum glauben. Er hielt seiner Mutter den glänzenden Ball entgegen. Dann entfaltete er den beiliegenden Brief und las.

„Ich kann sofort damit spielen, schreibt Opa!“, rief er anschließend. „Das schadet der Unterschrift überhaupt nicht! Toll, oder?“

„Na dann? Worauf wartest du noch?“, fragte seine Mutter und lächelte. Pedro legte den Brief in seine gelbgrüne Schachtel. „Briefe von Opa

Antonio“ stand darauf, daneben klebte ein Foto von seinem Großvater als junger Fußballer.

Pedro rannte mit dem Ball unter dem Arm das Treppenhaus hinunter und nach draußen. Vor der Haustür blinzelte er in den blauen Himmel. Schäfchenwolken und Sonne. Die Bedingungen für ein Spielchen konnten nicht besser sein!

Plötzlich sauste ein Ball über ihn hinweg. Pedro zog den Kopf ein, dann schaute er dem Ball hinterher und beobachtete, wie er direkt ins Küchenfenster von den Obermeyers im ersten Stock krachte. Die Glasscheibe zersplitterte unter lautem Klirren. Pedro zog vor Schreck den Kopf noch tiefer ein.

Das zerbrochene Fenster öffnete sich. Dahinter erschien Herr Obermeyer im Unterhemd. „WEEER WAR DAS?“, brüllte er mit hochrotem Kopf auf die Straße hinaus.

Pedro sah sich um. Im selben Moment riss ihm jemand blitzartig seinen Ball aus den Händen.

„Wer wohl?“, rief Ulf, der plötzlich neben ihm stand und Pedros Ball nach oben hielt. Er zeigte auf Pedro und grinste. Ulf war der Anführer der ‚Knödel‘. So nannten die Haie die Mannschaft der älteren Jungs auf dem Bolzplatz. Wo Ulf und die Knödel auftauchten, war Ärger nicht weit. So auch dieses Mal.

„PEDRO!“, schimpfte Herr Obermeyer. „Das hätte ich mir ja denken können. Na warte! Das werde ich mit deinem Vater bereden! Den Ball behalte ich solange!“ Herr Obermeyer hielt Ulfs Ball wie eine Trophäe in die Höhe und verschwand in seiner Wohnung.

Pedro stand fassungslos da. Ulf und Porky grinsten ihn frech an.

„Pech gehabt, Zwerg!“, sagte Ulf und klemmte sich Pedros neuen Ball unter den Arm.

„Gib mir sofort meinen Ball zurück!“, forderte Pedro.

„Geht leider nicht, den brauchen wir, hast ja

selbst gesehen!“ Ulf zeigte mit Kopfnicken hoch zum zerbrochenen Küchenfenster. Er und Porky lachten und zogen ab.

Pedro blieb bedröppelt stehen. Gerade erst ausgepackt, war er seinen Ball schon wieder los und hatte obendrein auch noch höllischen Ärger mit Herrn Obermeyer.

„Scho wasch Gemeinesch. Ich hab'sch genau geschehen!“ Zachi kam um die Ecke gelaufen. Schwer beladen mit zwei prallvollen Tüten. Pedro hatte ganz vergessen, dass Zachi nach seinem Zahnspangen-Termin beim Arzt seine Spenden vorbeibringen wollte. Die Fußball-Haie lagerten alle Spenden für die Gala bei Pedro im Keller. Zachi hatte Wort gehalten und sich schweren Herzens von seinen Fußballbüchern und Sammelbänden aus den letzten Jahren getrennt. Er stellte die Tüten ab und keuchte. „Ulf und Porky haben die Scheibe tscherdeppert. Nicht du! Dasch kann ich betscheugen!“

SPORTS

Tröstend legte er seinen Arm um Pedros Schulter.

„Danke, Zachi. Das nützt nur nichts. Der Ball ist weg!“ Pedro nickte Richtung Sparri, ihrem Bolzplatz. Dort wurden Ulf und Porky schon von den anderen Knödeln begrüßt. Den Spitznamen hatten ihnen die Fußball-Haie wegen ihrer muskulösen Beine verpasst. Pedro sah traurig dabei zu, wie Ulf den Ball auf den Platz drosch und die Knödel damit zu spielen begannen. Jeder Ballkontakt versetzte Pedro einen Stich ins Herz. Die beiden verstauten Zachis Tüten im Keller, dann liefen sie zum Sparri.

„Der Ball ist ganz neu, von meinem Opa aus Brasilien. Mit einem Autogramm von Neymar.“

Zachi sah Pedro ungläubig an. „Von dem braschilianischen Natschionalschpieler?“

Pedro nickte und beobachtete, wie Max von der anderen Seite auf den Platz kam. Aber als er die Knödel sah, blieb er abrupt stehen.

Pedro winkte ihm zu und lief gemeinsam mit Zachi zu Max an den Rand des Bolzplatzes.

„Hallo, Max." Die Jungs klatschten einander ab.

„Ulf behauptet, früher Schulschluss bedeutet früher Training! So was haben wir doch niemals ausgemacht, oder?", sagte Max.

„Nein, ist eben immer das Gleiche. Die Knödel machen, was sie wollen. Und jetzt haben sie mir auch noch den Ball geklaut. Mit der Unterschrift von Neymar!" Pedro sah seinem Ball sehnsüchtig hinterher und seufzte leise. „Wenn mein Opa davon erfährt ..."

Die drei wichen auf den Sandplatz vor dem Sparri aus. So, wie sie es immer machten, wenn die Knödel den Platz blockierten. Ulfs Befehle, wie die anderen Knödel den Ball spielen sollten, schallten über den Platz.

Uhuru, Diego und die Zwillinge Tim und Tom kamen kurz darauf dazu. Aber bei keinem kam

Spielfreude auf. Max feuerte alle zu mehr Einsatz und mehr Drang zum Tor an. Vergeblich. Pedro versprang der Ball ständig. Kein Wunder! Er dachte die ganze Zeit nur darüber nach, wie er sich seinen Ball wieder zurückholen könnte, bevor sein Opa etwas mitbekam.

Aber nicht nur Pedro fehlte es an der nötigen Konzentration. Die anderen Haie haderten damit, wieder mal vom Sparri auf den sandigen Bereich im benachbarten Mini-Park vertrieben worden zu sein. Richtiges Training war dort, unter den Augen der Parkbesucher, nicht möglich. Auch diesmal dauerte es nicht lange, bis sie Ärger bekamen.

„Spielt doch auf dem Platz! Wozu ist der denn da?“, schimpften einige Besucher von der Parkbank aus.

„Wie denn, bitte schön?“, fragte Max und zeigte wütend Richtung Knödel.

Schlechtgelaunt unterbrachen die Haie ihr Training.

„Denkt dran, morgen treffen wir uns im *Dönerhimmel* wegen der Spenden!“, rief Pedro zum Abschied in die Runde. Dann zog jeder in seine Richtung ab.

Auch Pedro trottete nach Hause. Am Hauseingang linste er aus den Augenwinkeln zum kaputten Fenster hoch. Wie sollte er das nur seinen Eltern erklären?

Am Abend saß Pedro im Schlafanzug auf seinem Bett und rollte einen Fuß über seinem alten Ball hin und her. Wie gewohnt kamen seine Eltern zur Schlafenszeit gemeinsam ins Zimmer, um gute Nacht zu sagen. Doch sein Vater blieb im Raum stehen, die Arme in die Hüften gestützt. „Stimmt das, Pedro? Herr Obermeyer behauptet, du hast seine Scheibe kaputtgeschossen?“

„Ich, ich …“, stotterte Pedro.

„Fußball nur auf dem Bolzplatz, das war doch abgemacht“, sagte seine Mutter.

„Aber …“

„Herr Obermeyer behält den Ball, bis der Schaden vollständig repariert ist“, unterbrach ihn sein Vater erneut. „Er rückt ihn keinen Tag früher raus.“

Pedros Mutter setzte sich neben ihn. „Der schöne neue Ball von Opa Antonio?“

Pedro verzog das Gesicht. Statt zu antworten, legte er den Fuß zurück auf den alten Ball. Sein Fuß rollte hin und her. Niemand wusste, dass es gar nicht sein Ball war, der jetzt bei Herrn Obermeyer lag. Das sollte auch so bleiben. Vielleicht schaffte er es, den Ball in der Zwischenzeit zurückzuerobern? Dann könnte er verschweigen, dass er sich Opas Ball hatte wegschnappen lassen.

„Wie lange dauert denn so eine Reparatur?“, fragte er.

„Eine Woche? Zwei? Das hast du jetzt davon“, sagte sein Vater.

Pedro holte sein Sparschwein und hielt es seinem Vater hin.

„Bestimmt ist eine neue Scheibe teuer?“, fragte er.

„Lass mal, Pedro“, winkte sein Vater ab. „Um den Schaden kümmern wir uns. Hauptsache, wir können uns in Zukunft auf dich verlassen.“

Pedro nickte entschlossen.

„Versprochen, Pedrito?“, hakte seine Mutter nach.

Pedro legte seine rechte Faust auf seine linke Brust. „Versprochen!“

Seine Eltern drückten ihm einen Kuss auf die Wange, wünschten ihm eine gute Nacht und schlossen die Tür hinter sich.

Pedro holte die Box mit dem aufgeklebten Foto, in der er Opas Briefe aufbewahrte. Auf dem Foto hatte Opa seine rechte Faust auf seiner linken Brust liegen. Pedro flüsterte, ebenfalls mit der Faust auf der Brust, zum Foto: „Deinen Ball hole ich mir auf jeden Fall schnell wieder zurück. Versprochen. Und auch vom Platz lass ich mich nicht so schnell vertreiben."

Pedro stellte die Box zurück auf die Fensterbank und schlüpfte unter die Bettdecke.

„Der Ball gehört mir", flüsterte er und knipste das Licht aus.

DER GEHEIME PLAN

Pedro hatte sich entschieden. Er wollte nochmals den Ball direkt bei Ulf einfordern. Vielleicht hatte der inzwischen genug über ihn triumphiert. Gleich nach der Schule lief Pedro deshalb zum Sparri, wo sich die Knödel bereits breitgemacht hatten. Noch einmal atmete er durch und ging zielstrebig auf Ulf zu.

„Achtung, Fischstäbchen im Anmarsch!“, rief Ulf und grinste breit.

„Gib mir meinen Ball zurück!“, forderte Pedro.

„Meinst du das Ding, das bei ihm im Fahrradkeller vergammelt?“, fragte Porky.

Ulf verpasste ihm einen so kräftigen Schlag auf den Hinterkopf, dass Porky kurz torkelte.

„Autsch“, jammerte er.

„Ich hab deinen Ball nie gehabt! Was sagt ihr, Jungs?“ Ulf stellte sich vor die Knödel. Alle schüttelten den Kopf.

„Ihr habt doch mit ihm gespielt!“, rief Pedro.

Porky rieb sich verlegen die Stelle, an der Ulf ihn getroffen hatte. Die anderen verschränkten nur ihre Arme und schwiegen.

Pedro zog ab. Er hätte sich denken können, dass Ulf den Ball nicht freiwillig zurückgeben würde. Und nun leugnete er sogar, ihn überhaupt zu haben! So eine Frechheit!

Plötzlich hörte Pedro ein vertrautes Geräusch. So klang es, wenn jemand mit einer Getränkedose Fußball spielte. Und da sah er ihn auch schon. Einen Jungen, der in dem kleinen Park neben dem Sparri auf engstem Raum eine Dose geschickt vor sich hertrieb, sie hoch in die Luft lupfte und perfekt mit dem Fuß wieder auffing. Pedro hatte den schwarzen Wuschelkopf

SPORTS

noch nie gesehen. Er schätzte, dass er in etwa gleich alt war. Vermutlich hatte er die Knödel die ganze Zeit beim Kicken beobachtet und sich nicht auf den Platz getraut.

Als Pedro auf ihn zuging, schoss der Junge die Dose weit vor sich in die Luft. Im Sprint fing er sie auf und lief, ohne sich umzuschauen, weg.

„Hey!“, rief Pedro ihm hinterher. „Willst du mal bei uns mitspielen?“

Vergeblich. Der Junge verschwand in der Burgsdorfstraße, die ein paar hundert Meter weiter direkt zu einer Flüchtlingsunterkunft führte. Dort lebten Flüchtlinge aus vielen verschiedenen Ländern. Möglich, dass auch der Junge dort wohnte.

Vielleicht konnte er den Jungen dort wiedertreffen? Immerhin schien der einiges draufzuhaben, überlegte Pedro, während er zielstrebig zum Treffen im *Dönerhimmel* marschierte. Im Imbiss von Mehmets Eltern versammelten sich die Fußball-Haie regelmäßig. So auch jetzt. Pedro schaute auf die Uhr. Er lag gut in der Zeit.

Doch am *Dönerhimmel* war diesmal alles anders als sonst. Vor dem Laden war ein zusätzlicher Grill aufgebaut. Zwei Männer spielten türkische Volksmusik mit Instrumenten, die Pedro an Gitarren erinnerten. Etliche Leute hatten sich zu einem Kreis zusammengefunden und tanzten fröhlich zu der Musik.

Jetzt fiel es Pedro wieder ein: Laura, Mehmets große Schwester, feierte Geburtstag! Die türkische Familie von Mehmets Vater hatte sich offenbar eingefunden.

Über der Tür hing eine Buchstabenkette. „Tillykke med fødselsdagen" stand darauf und schien ein Beitrag der dänischen Familie von Mehmets und Lauras Mutter zu sein. Pedro hatte keine Ahnung, was der dänische Spruch bedeutete, aber bestimmt so etwas wie

„Herzlichen Glückwunsch“ oder so. Allerdings schien sonst niemand aus Dänemark angereist zu sein.

Laura stach mit ihren sonnengelben Hosen und dem leuchtend gelben Shirt aus dem Tanzkreis heraus. Auf ihrem Kopf trug sie einen Blumenkranz.

„Hallo, Pedro! Brüderchen und die anderen sind schon drin!“, rief sie ihm aus dem Kreis heraus zu.

Wie immer hatten die Haie sich den letzten Tisch ganz hinten geangelt. Pedro drängelte sich durch das Gewühl der Gäste hindurch zu den anderen. „Geschafft!“, stöhnte er, als er sich auf den letzten freien Platz fallen ließ.

„Hast du deinen Ball wieder zurück?“, fragte Max sofort.

„Schag schon!“, drängelte auch Zachi. „Hascht du ihn wieder?“

Pedro schüttelte den Kopf und biss kräftig in

DÖNERHIMMEL
TILLYKKE MED FØDSELSDAGEN
DÖNER
HIMMEL

Zachis Döner. Alle verstanden und sahen Pedro mitleidig an.

Zeitgleich hatte sich unter den Gästen eine Diskussion über Diebstähle in der Nachbarschaft entfacht. Von einer ganzen Einbruchserie war die Rede. Und jeder wusste etwas beizutragen, sowohl einige der Geburtstagsgäste als auch ein paar normale Kunden, die sich nur schnell etwas zu essen holten.

„Das sind professionelle Diebesbanden", behauptete ein älterer Mann, der an der Theke auf sein Essen wartete. „Die räumen nachts deine Wohnung leer, ohne dass du es merkst!"

„Nicht mal vor Schreberhäuschen machen die Schurken halt. Bei mir fehlte kürzlich zwar nur ein Grillwagen, aber das zerstörte Schloss musste ich trotzdem ersetzen!"

„Bei meinem Nachbarn haben sie sich ein Fahrrad und einen kaputten Staubsauger aus dem Keller geholt", ergänzte ein anderer.

„Wie blöd sind die denn?“, fragte ein Dritter.

„Na ja, die können ihn ja schlecht erst ausprobieren!“, antwortete wieder der Erste. „Aber sein Keller hatte auch nur ein Mini-Schloss.“

„Na und? Ist ja wohl trotzdem keine Einladung zur Selbstbedienung, oder?“, sagte jemand.

„Ich sag doch, das sind Profis!“ Der ältere Mann nahm seine proppenvolle Tüte entgegen, bezahlte und ging zum Ausgang.

Pedro und die anderen Haie hatten aufmerksam zugehört. Pedro hatte dabei die ganze Zeit an seinen Ball gedacht. Er wusste sogar, wer der Dieb war, und bekam den Ball aber trotzdem nicht zurück.

„Wir sind bisher verschont geblieben, zum Glück!“, sagte Mehmets Vater und schloss die Kasse, während er nachdenklich nach draußen sah. „Lasst uns bitte das Thema wechseln. Schließlich feiern wir heute ein freudiges Ereignis!“

Er lächelte seine Frau an und sah hinaus zu den Tanzenden.

Still beobachtete Pedro das Treiben im Laden und aß den Döner, den ihm Mehmet inzwischen gebracht hatte.

Max trank den Rest seiner Apfelschorle, wischte sich mit dem Handrücken den Mund ab und mutmaßte: „Bestimmt will Ulf deinen Ball im Internet verkaufen, wetten?“ Niemand widersprach.

Uhuru trudelte mal wieder als Letzter ein.

„Ulf traut sich wohl nicht rein, was?“ Er zeigte grinsend hinter sich nach draußen.

„Ulf ist hier bei euch?“, hakte Pedro bei Mehmet nach.

Mehmet winkte genervt ab. „Der Blödmann taucht in letzter Zeit ständig hier auf. Kauft nix, glotzt immer nur.“

„Heute verschenkt er Rosen“, erzählte Uhuru und setzte sich auf eine leere Getränkekiste.

„Also, genauer gesagt, *eine* Rose. An Laura. Wer's nicht glaubt, kann draußen nachschauen."

„Spinnt der?" Mehmet stürmte nach vorne Richtung Ausgang. An der Tür kehrte er abrupt um.

„Er zischt gerade ab!", erklärte er. „Ist auch besser so!"

„Wieso? Vielleicht ist er ja Lauras Typ?", sagte Uhuru grinsend.

Mehmet sah ihn böse an und bohrte sich den Zeigefinger in die Stirn.

„Lasst uns endlich loslegen, chicos. In fünf Tagen ist es so weit. Wir brauchen den Überblick über unsere Sammelspende!", mahnte Diego und öffnete sein Notizheft. Er zeigte die Liste der Gegenstände, die die Jungs aktuell für die Gala bereitstellten. Max meldete sich als Erster.

Nachdem Max seine Beiträge aufgezählt hatte, schimpfte Diego: „Spinnst du? Das sind doch keine Spenden! Eine halbe Burg aus Tonsteinen und ein kaputter Roboter ohne Ladeakku? Der Kram gehört in den Müll!“

„Das ist kein Müll!“, protestierte Max. Trotzdem nahm er stillschweigend hin, dass Diego weder die Tonburg noch den Roboter in ihre lange Spendenliste aufnahm. „Wer nichts beisteuern kann, will ja vielleicht Geld spenden“, sagte Diego und fixierte dabei Max. „Das wäre doch eine Idee! Wir könnten auch Bargeld sammeln!“

Die Haie fanden das eine gute zusätzliche Maßnahme. Alle wollten im Bekannten- und Familienkreis nach Geldspenden fragen.

Mehmets Vater sagte zu, den Berg Sachspenden, der sich stetig weiter in Pedros Keller anhäufte, Sonntagmorgen abzuholen und direkt zur Gala zu fahren.

Zufrieden genossen die Jungs, wie auch viele Kunden, den restlichen Nachmittag in der fröhlichen Atmosphäre des Geburtstagsfestes.

Nur Pedro nicht. Sein Ärger auf Ulf verdarb ihm jeden Spaß. Grummelnd dachte er sich eine neue Möglichkeit aus, um seinen Ball zu bekommen. Als er seinen Plan genau vor Augen hatte, beschloss er, die Sache sofort hinter sich zu bringen. Hilfe wollte er von seinen Freunden nicht erbitten, schließlich sollten sie nicht mit hineingezogen werden. Darum verließ er möglichst unauffällig als Erster den *Dönerhimmel*. Doch Mehmet bemerkte ihn vor der Tür und lief ihm sofort hinterher. „Alter, wieso schleichst du dich einfach so davon? Ohne tschüs und gar nichts?"

„Tut mir leid. Wir sehen uns", sagte Pedro und ging eilig weiter.

„Tschüs!", sagte Mehmet und sah Pedro noch so lange nach, bis er um die Ecke gebogen war.

Am Haus angekommen, lief Pedro Herrn Obermeyer unten im Eingang direkt in die Arme.

„Freundchen, so was machst du nie wieder

mit mir!“ Mit erhobenem Zeigefinger und bösem Blick ging Herr Obermeyer auf Pedro los.

Der duckte sich schnell weg und huschte an ihm vorbei, dann hastete er die Treppen bis zur Wohnung hoch.

Mit zittrigen Händen schloss er die Wohnungstür auf und rief schon im Flur nach seinen Eltern. Aber die waren beide nicht da. Wie Pedro gehofft hatte. Er lief in die Küche und stopfte sich dort ein Geschirrtuch in die Jackentasche. Dann suchte er seine kleine Taschenlampe und ließ sie in der anderen Jackentasche verschwinden.

Nun rief er sich noch mal ins Gedächtnis, wie es damals gewesen war, als er zweimal hintereinander seinen Schlüssel für das Schloss der dicken Kette verloren hatte, mit der er immer sein Rad gesichert hatte. Sein deutscher Opa hatte ihm damals mit einem Trick aus der Patsche geholfen und ihm gezeigt, wie man so ein Vorhängeschloss öffnen konnte. Es half ja nichts. Er wusste einfach keine andere Lösung, wieder an seinen Ball zu kommen.

Nachdem er sich im Keller alles Notwendige geholt hatte, lief er hinaus, durchquerte im Laufschritt den Park, überquerte eine Straße und stoppte vor einem alten Mietshaus. Dort versteckte er sich hinter einem Busch, von wo er den Hauseingang gut überblicken konnte. Er musste warten, bis er hinter jemandem in das Haus schlüpfen konnte.

Jedes Mal, wenn irgendwer vorbeikam, begab er sich in Startposition, um rüber zum Eingang zu laufen. Doch es dauerte fast eine Stunde, bis endlich jemand auf die Haustür zuging. Es war leider ausgerechnet Ulf.

„Auch das noch!", murmelte Pedro vor sich hin.

Ulf verschwand im Haus, während die Tür langsam zufiel.

Jetzt oder nie! Pedro musste es riskieren. Er konnte nicht noch länger warten. Er rannte los und flutschte im letzten Moment ins Treppenhaus, bevor die Tür ins Schloss klackte.

Dann blieb er stehen, lauschte und hörte noch Schritte auf der Treppe. Von Ulf? Hinter einer langen Reihe Briefkästen erkannte er die Kellertür. Zum Glück war sie nicht verschlossen. Pedro schlich die Treppe hinunter in den dunklen Gang, von dem zu beiden Seiten die Kellerräume der Mieter abgingen, jeweils nur mit Maschendraht und Türen aus Holzlatten gesichert.

Pedro ließ das Licht aus und schaltete nur seine Taschenlampe an. Bei der dritten Parzelle sah er durch den Drahtzaun seinen Ball. Er lag kaum drei Meter entfernt, aber dazwischen standen vier Fahrräder eng aneinandergelehnt. Die Tür war mit einem alten Vorhängeschloss gesichert.

Plötzlich packte Pedro ein schlechtes Gewissen. Sollte er wirklich in einen Keller einbrechen?

Mit einem stabilen Draht und einem Schraubendreher in der Hand zögerte er.

„Dachte ich es mir doch!“, rief Ulf, der plötzlich in der Tür stand. „Du willst also unsere Fahrräder klauen!“

Erschrocken drehte Pedro sich um. „WAS? Spinnst du? Ich will mir nur holen, was mir gehört!“

„Typisch Ausländer. Alles Diebe!“, blökte ein dicker Mann, der mit einem Mal hinter Ulf stand und ihm über die Schulter schaute.

„Genau! Du Dieb!“, bekräftigte Ulf.

Pedro raste direkt auf die beiden zu, so wie er es auch bei Spielen manchmal machte. In Situationen, in denen er keinen anderen Ausweg wusste. Er flutschte zwischen Ulf und dem Mann hindurch. Aber Ulf bekam ihn am Ärmel zu fassen. Entschlossen, sich nicht aufhalten zu lassen, riss Pedro sich los und raste nach draußen.

„Na warte!“, rief Ulf. Dann sah er ihm breit grinsend hinterher. „Sie sind mein Zeuge, oder?“ Er klopfte dem Nachbarn freundschaftlich auf die Schulter.

Kapitel 3

DIE FIESE ANSCHULDIGUNG

„Mist! So ein Mist!“, jammerte Pedro. Enttäuscht schlurfte er mit leeren Händen zurück nach Hause. Gleich am nächsten Morgen in der Schule bat er alle Haie, sich am Nachmittag mit ihm zu treffen. Dimitri, Tim und Tom hatten direkt absagen müssen. Auch Bobby, Juan und Uhuru waren unsicher, ob sie dabei sein konnten.

Gespannt, wer überhaupt noch kommen würde, betrat Pedro am Nachmittag den *Dönerhimmel*. Er strahlte, als er Mehmet, Diego, Zachi und Max am hintersten Tisch sitzen sah.

„Was ist denn los?“, fragte Mehmet sofort. „Gestern bist du einfach abgezischt! Und jetzt dieses Sondertreffen?“

Pedro klatschte alle zur Begrüßung ab, antwortete Mehmet aber nicht. Und Max hatte sofort Neuigkeiten: „Stell dir vor, jetzt spinnt Ulf total. Er behauptet, du wärst gestern in seinen Fahrradkeller eingebrochen. Angeblich hat er dich auf frischer Tat ertappt und sogar einen Zeugen dafür!" Max tippte den Zeigefinger gegen die Stirn. „Der Spinner!"

Zachi sprang auf und schimpfte: „Und die glauben ihm dasch schogar und behaupten nun, daschsch alle Auschländer klauen!"

„Ja!" Mehmets Vater kam an den Tisch und verteilte die Flaschen mit Apfelschorle an die Jungs, wie er es immer machte, wenn sich die Haie trafen. „Also wirklich. Ihr und Diebe! Die Leute drehen immer mehr durch!"

Uhuru kam ganz außer Atem bei den Haien an. „Unser Hausmeister hat mich gerade beschuldigt, ich hätte einen Kinderwagen aus unserem Treppenhaus geklaut."

„Ha, ha! Einen Kinderwagen? Du?“ Max schlug sich lachend auf die Schenkel.

„Pedro ist plötzlich ein Fahrraddieb, Uhuru stiehlt Kinderwagen“, kicherte Max. „Und Zachi? Was hast du geklaut?“

„Gar nischtsch!“, antwortete Zachi. „Maxsch und mich beschuldigt niemand! Die beschuldigen euch nur, weil schie denken, ihr scheid Auschländer.“

„Ich wollte doch nur meinen Ball zurückholen!“, platzte es plötzlich aus Pedro heraus.

Alle starrten ihn an.

„Hä? Was?“, fragte Diego. „Du bist wirklich bei Ulf eingebrochen?“

„Öh …“, stotterte Pedro. „Nein … Also fast … Na ja … “

„Dann lügt Ulf also nicht?“, fuhr nun Mehmet dazwischen. „Und auch der Zeuge – das stimmt alles?“

„So ein Quatsch!“, rief Max. „Das glaube ich niemals!“

Doch Pedro senkte verlegen den Blick, während ihm zugleich Tränen in die Augen schossen. „Ich wollte doch nur …“

„Du wollteschtbeschtimmt nur deinen Ball tschurück?“, legte Zachi ihm in den Mund.

„Ja!“, bestätigte Pedro mit dünner, zittriger Stimme.

Doch die anderen sahen ihn plötzlich eiskalt an.

„Ihr … Ihr glaubt doch nicht etwa …“ Pedro brach ab und sah erschrocken erst zu Mehmet, dann zu den anderen. Die Gruppe stand auf.

Alle Blicke waren auf ihn gerichtet.

Zachi schüttelte heftig den Kopf.

Mehmet breitete seine Arme aus. „Dann zeig uns doch mal den Ball“, forderte er.

Pedro sah ihn unsicher an. „An den kam ich gar nicht ran!“

„Ach ja?“, hakte Mehmet misstrauisch nach.

Diego stand jetzt neben Pedro. Er griff an Pedros Schulter und schüttelte ihn. „Und wieso besprichst du so eine wichtige Sache nicht mit uns, hä? Diese blöde Aktion hätten wir dir schon aus dem Kopf geschlagen!"

Verärgert wandte Diego sich ab und zog seine Jacke an. „Jetzt fällt das auf uns alle zurück."

Auch Mehmet schimpfte auf Pedro, die Arme verschränkt. „Du bist wirklich so was von dämlich, Pedro! Dein Alleingang schadet uns allen. Kapierst du das nicht?"

„Er wollte doch nur scheinen Ball!", versuchte Zachi erneut, Pedro beizustehen. „Ischt doch schein gutesch Recht!"

Diego hob seine Hand zum Abschied. „Du hättest uns fragen müssen, chico! Dann hätten wir bestimmt eine Idee gehabt. Tut mir leid."

Diego ging. Max folgte ihm.

„Wieso machst du so einen Scheiß? Ich kann dich da auch nicht beraten", sagte er.

„Besser, ihr geht jetzt!“, murmelte Mehmet und nickte Richtung Ausgang. Er war einfach zu wütend, um weiter mit Pedro zusammenzusitzen.

Zachi schüttelte traurig den Kopf, Pedro folgte ihm nach draußen.

„Ihr geht schon wieder?“, wunderte sich Mehmets Mutter und reckte den Hals über die abgestellten Fahrräder hinweg. Aus ihrer kleinen Tasse auf dem Tischchen dampfte es.

Pedro und Zachi winkten ihr zum Abschied.

Bis zu Pedros Haus sprach keiner ein Wort. Dort angekommen, dröhnte plötzlich Herrn Obermeyers Stimme aus dem Fenster: „Gebt mir mein Rad zurück, ihr Diebe!“ Dann knallte sein Fenster zu.

„Wie bitte?“, rief Pedro nach oben. „Was?“

Er sah sich ratsuchend zu Zachi um, der mit den Schultern zuckte.

Die Folie, die behelfsmäßig in Herrn Obermeyers Küchenfenster anstelle des

Fensterglases angebracht worden war, flatterte im Wind.

Jetzt erst bemerkte Pedro, dass Herrn Obermeyers Fahrrad von seinem angestammten Platz vor der Haustür verschwunden war. Steckte dahinter etwa auch die Diebesbande?

„Kann ich morgen bei dir anklingeln?“, fragte Zachi.

Pedro nickte, und Zachi verabschiedete sich.

***

In der Wohnung begrüßte seine Mutter Pedro mit einer Überraschung. „Stell dir vor, Pedro: Opa Antonio kommt Samstag zu Papas Geburtstag! Hat er gerade geschrieben!“

„Was?“, fragte Pedro entsetzt. „Er … Er ist doch sonst nie da!“

„Ist eben ein besonderer Geburtstag!“, antwortete seine Mutter strahlend. „Was ist? Freust du dich etwa nicht?“

„Doch, doch“, sagte Pedro schnell, verschwand in sein Zimmer und warf sich aufs Bett.

Seine Mutter streckte den Kopf durch den Türspalt. „Sprich doch mit Herrn Obermeyer. Vielleicht gibt er dir Opas Ball früher zurück.“

„Reden? Mit Herrn Obermeyer?“, wiederholte Pedro und setzte sich aufrecht auf die Bettkante. „Der kann doch nur brüllen!“

„Sein Fahrrad wurde geklaut. Vielleicht war er deshalb doppelt sauer, dass du ihm dann noch die Scheibe zerschossen hast.“

„Das mit der Scheibe war …“ Pedro stockte. „… ein blödes Versehen. Aber ein Fahrrad zu klauen ist wirklich fies!“

„Er vermutet, der Dieb ist unter euch Fußballern zu finden. Ich hab natürlich sofort protestiert und gefragt, wie er denn darauf käme!“

Pedro hatte seinen Nachbarn also richtig

verstanden. Er sprang vom Bett hoch und stampfte wütend auf. „Er schiebt das uns in die Schuhe? Den Fußball-Haien? Mir?“

„Nein, so hat er das nicht gesagt“, beschwichtigte seine Mutter.

„Hat er doch!“, schimpfte Pedro.

„Soll ich dich begleiten, wenn du zu ihm gehst?“, fragte seine Mutter.

Pedro winkte ab. Niemals würde der Obermeyer ihm den Ball zurückgeben, wenn er ihn gleichzeitig verdächtigte, sein Fahrrad geklaut zu haben!

Kaum hatte seine Mutter die Tür geschlossen, donnerte Pedro den alten Ball mit voller Wucht gegen die Wand. Der Ball prallte zurück, er nahm ihn direkt an und feuerte erneut los, und wieder und wieder.

Lange wird Zachi auch nicht mehr zu mir halten, wenn das so weitergeht, überlegte Pedro. Der Ball prallte ohne Pedros Gegenwehr von der Wand ab und wurde von seinen akkurat abgestellten Fußballschuhen gestoppt.

Pedro betrachtete das Bild mit Boateng und erinnerte sich an dessen Worte: Man muss für seinen Traum kämpfen. Man darf niemals aufgeben! Dieses Motto hatte Boateng in seinem Leben viel geholfen. Was würde er an Pedros Stelle tun?

Müde und schlechtgelaunt trottete Pedro am nächsten Morgen zur Schule. Er war froh, dass er am Schultor als Erstes Max und Mehmet begegnete, obwohl gerade diese beiden ihn am Vortag so sehr enttäuscht hatten.

„Hallo, Pedro!“, grüßte Max. „Ich hab was Interessantes entdeckt. Kommst du nach der Schule mit zum *Dönerhimmel*? Da zeig ich es dir!“

„Ach ja?“, antwortete Pedro mürrisch. „Was hast du denn entdeckt? Einen Beweis, dass ich auch ganz bestimmt ein Fahrraddieb bin?“

„Nein, Quatsch!“, sagte Mehmet. „Aber vielleicht haben wir eine Spur gefunden, die uns zu dem wirklichen Fahrraddieb führt.“

„So?“ Pedro blieb skeptisch. „Gestern habt ihr noch mich verdächtigt!“

„Stimmt doch gar nicht!“, widersprach Mehmet. „Aber durch deine bescheuerte Aktion sind wir nun alle unter Verdacht geraten. Deshalb wäre es für uns gut, den echten Dieb zu finden. Oder etwa nicht?“

Da hatte Mehmet nicht ganz unrecht, musste Pedro zugeben. Trotzdem war er immer noch sehr enttäuscht, dass die beiden gestern nicht zu ihm gehalten hatten.

Aber er stimmte zu, nach Schulschluss mitzukommen.

Am *Dönerhimmel* angekommen, führte Max Pedro zum Fahrradständer vor dem Imbiss und zeigte auf ein Rad ganz außen. „Das steht sonst doch vor eurem Haus, oder?“

Pedro erkannte das Rad sofort an seinem gestreiften Rahmen.

„Klar! Das gehört Herrn Obermeyer! Er behauptet, dass wir es ihm geklaut haben! Dann hat er es hier nur vergessen?“

Max rieb sich die Hände und grinste. „Es steht hier rum. Einen besseren Beweis, dass wir es nicht waren, gibt es ja wohl nicht.“

„Im Gegenteil“, befürchtete Pedro. „Das Rad steht vor dem *Dönerhimmel*. Wir haben es gefunden. Da wird er vielleicht erst recht behaupten, dass wir es waren und uns nur melden, weil wir es jetzt mit der Angst zu tun bekommen haben.“

Pedro hatte recht, fand Max.

„So was Blödes!“, klagte er.

„Aber meine Mutter hat gesehen, wer das Rad hier abgestellt hat“, sagte Mehmet.

„Was? Das sagst du erst jetzt? Los, sag schon! Wer?“, drängelte Pedro.

„Einer der Knödel!“, verriet Mehmet. „So viel ist sicher. Aber meine Mutter kennt seinen Namen nicht.“

Plötzlich hörte man von draußen das Klirren und Geklapper von Metall.

Die drei schauten durchs Schaufenster hinaus und sahen, wie Porky irritiert vom angeketteten Fahrrad abließ und verschwand.

„Porky?“, wunderte sich Pedro. „Wieso bekommt der das Schloss nicht auf?“

„Weil das mein Vater drangemacht hat“, erklärte Mehmet. „Damit das Rad nicht noch mal geklaut wird.“

„Los, die Schnecke entkommt uns nicht!“, rief Max.

Die Freunde flitzten aus dem *Dönerhimmel* hinaus.

Porky sah die drei. Sofort rannte auch er los, aber vergeblich. Schon nach wenigen Metern erwischte Mehmet ihn am Shirt. Max und Pedro stürmten heran und nahmen Porky mit festem Griff in die Zange.

„Du kommst mit uns zurück!“, befahl Max.

„Aber wieso?“, fragte Porky. Er atmete schwer.

„Blöd, dass das Fahrrad inzwischen angeschlossen ist, stimmt’s?“, fragte Mehmet.

„Aber ich …“

„Jetzt kannst du deinem Nachbarn Bescheid geben, Pedro! Wir bringen ihm sein Rad zurück und den Dieb gleich mit dazu.“

DER TAUSCH

Zuerst glaubte Herr Obermeyer, dass Pedro sich über ihn lustig machte.

Es kostete Pedro einige Mühe, ihn zu überzeugen, dass er es ernst meinte. „Das Fahrrad steht zur Abholung bereit. Wirklich! Kommen Sie doch bitte mit. Und den Dieb haben wir auch!"

„Das wäre ein großes Wunder", sagte Herr Obermeyer, während er eilig neben Pedro her schritt. „Einen Fahrraddieb zu fassen, das schafft in Berlin ja nicht einmal die Polizei. Wirklich ein Wunder!", wiederholte er immer wieder.

Und dann sah er das Wunder schon von weitem.

„Mein Fahrrad! Mein Schätzchen!“, rief er laut und strich über den Sattel wie über einen weichen Pferderücken.

In dem Haus gab es keinen Fahrradkeller. Deshalb hatte Herr Obermeyer sein Rad früher immer hoch in die Wohnung getragen, so wie Pedro es mit seinem auch meistens machte. Aber dafür reiche seine Kraft nicht mehr aus, sagte Herr Obermeyer. Seitdem stünde es Tag für Tag bei Wind und Wetter draußen.

„Dass ich dich wiederhabe …“, säuselte er.

Plötzlich aber schaute Herr Obermeyer misstrauisch in die Runde. „Ich denke, ihr habt auch den Dieb? Wer von euch Bengeln war das?“

„Niemand von uns!“, antwortete Pedro entschieden. Er zog an Porkys Shirt, der zwischen ihm und Max stand. „Aber er war es!“ Er zeigte auf Porky. „Und der gehört zu den Knödeln. Nicht zu uns Haien!“

„Knödel? Haie? Wer soll sich da auskennen!“,

meckerte Herr Obermeyer. Aber dann wurde er doch wieder milder. „Wie auch immer. Es tut mir wirklich leid, dass ich euch zu Unrecht verdächtigt habe.“ Dann packte er Porky am rechten Ohr und verdrehte es leicht.

„Au!“, schrie Porky übertrieben auf.

„Und du sagst mir jetzt deinen Namen und deine Adresse. Dann gehen wir zu deinen Eltern und danach zur Polizei.“

„Polizei? Aber mit den anderen Diebstählen hab ich nichts zu tun“, beteuerte Porky sofort.

„Na, das will ich ja wohl für dich hoffen!“, blaffte Herr Obermeyer ihn an.

„Ich hab mir das Rad doch nur ausgeliehen!“, versuchte Porky sich noch aus der Sache herauszuwinden.

„Ausgeliehen?“, brüllte Herr Obermeyer. „Das kannst du gleich der Polizei erklären.“

„Die lassen wir jetzt besser allein!“, grinste Mehmet und klatschte Max und Pedro ab.

Pedro hielt Mehmets Hand in der Luft fest. „Weißt du, was das für ein Gefühl ist, wenn deine Freunde plötzlich abhauen? Wenn du gar keine mehr hast?“

Pedro schlug Mehmets Hand mit Schwung nach unten.

Mehmet sah verlegen zu Boden und brummte eine Entschuldigung. Auch Max bekannte, dass es falsch gewesen war, Pedro alleinezulassen, statt ihm zur Seite zu stehen.

„Wir sind doch die Fußball-Haie! Wir halten zusammen, oder?“ Nun schlugen alle miteinander ab.

„Noch eine Runde spielen?“, fragte Pedro und zwinkerte Richtung Sparri.

„Beste Idee des Tages!“, sagte Max und legte seine Arme um Pedros und Mehmets Schultern. Die drei zogen ab.

„Du kommst heute Abend noch mal kurz zu

mir, hörst du, Pedro?“, rief Herr Obermeyer ihnen hinterher.

Pedro nickte. Er konnte sich ja schlecht weigern. Obwohl er wirklich keine Lust hatte, sich schon wieder das Geschimpfe wegen der Fensterscheibe anzuhören.

***

Am Abend stieg Pedro die Treppen zu Herrn Obermeyer hinunter und überlegte, ihn gleich zu Beginn zu fragen, ob er ihm den Ball früher zurückgeben könnte. Noch wussten seine Eltern nicht, wo Opas Ball wirklich war. Vielleicht hatte er ein Einsehen, wenn Pedro ihm erklärte, dass der Ball sehr wichtig für ihn sei.

„Da bist du ja! Komm rein“, begrüßte Herr Obermeyer ihn. „Geh schon mal ins Wohnzimmer, ich komme gleich.“

Wie schon nachmittags, als Herr Obermeyer sein Fahrrad entgegennehmen konnte, strahlte er auch jetzt über das ganze Gesicht. So kannte Pedro seinen Nachbarn gar nicht.

Pedro trat ins Wohnzimmer. Auf einem Regal standen etliche Pokale aufgereiht und glänzten in Silber und Gold um die Wette. Dahinter hingen Fotos. Auf einem der Bilder glaubte Pedro Herrn Obermeyer auf einem Siegerpodest zu sehen. Neben sich sein Fahrrad. Mit dem geschwungenen Lenker und gelben Handläufen. Mit dem alten Ding hatte er früher Preise gewonnen? Kein Wunder, dass er so wütend war, als es plötzlich weg war!

Herr Obermeyer überreichte Pedro Ulfs alten Ball. „Ich finde, du sollst ihn nicht länger entbehren. Sicher hängt da auch dein Herz dran, so wie ich an meinem betagten Rad hänge. Schließlich hast du geholfen, den Diebstahl aufzudecken. Die Scheibe wird zwar erst in ein paar Tagen eingebaut, aber dann ist ja alles wieder heile. Na, nun nimm ihn schon."

Pedro war sprachlos und besah sich den Ball. Im gleichen Moment kam ihm eine schlaue Idee.

„Ja, danke, das ist super!“, sagte er und drehte sich zum Gehen.

Herr Obermeyer rief ihn zurück. „Warte, das hier ist noch für euch Fußball-Haie!“

Er hielt Pedro einen Umschlag entgegen.

„Als kleine Entschuldigung dafür, dass ich euch verdächtigt habe. Ich habe gehört, die Fußball-Haie sammeln auch Bargeld für die Spendengala? Bitte schön.“

„Super, das werde ich den anderen sofort erzählen! Danke.“ Pedro wedelte mit dem Umschlag zum Abschied. Im Treppenhaus versteckte er den Ball schnell unter dem Shirt.

„Jetzt kann Opa ja kommen!“, freute sich seine Mutter und klopfte auf Pedros dicken Kugelbauch. „Willst du ihn Papa nicht mal zeigen?“

Das wollte Pedro natürlich nicht, weil es ja

nicht sein toller Opa-Geschenk-Ball war, den Herr Obermeyer ihm zurückgegeben hatte, sondern bloß Ulfs alte, verbeulte Pille. Schnell öffnete Pedro den Umschlag und zog eine Klappkarte heraus, in der ein grüner Schein lag. „Herr Obermeyer spendet hundert Euro. Wow!", rief er und machte spontan einen Freudentanz durchs Zimmer. Dabei flutschte der Ball unter dem T-Shirt hervor und kullerte direkt vor die Füße seiner Mutter.

„Nanu, das ist ja gar nicht Opas Ball?", wunderte sie sich.

„Ja, nein, doch ...", stotterte Pedro. Schnell steckte er ihn zurück unter das Shirt und raste zur Wohnungstür.

„Ich bin noch mal im *Dönerhimmel*", behauptete er.

Allerdings ging er dort nur vorbei, um Mehmet abzuholen. „Kommst du mit zu Ulf?"

Mehmet sagte zwar sofort zu, verschwand

aber zunächst nach oben in die Wohnung über dem Imbiss.

„Nur eine Minute, dann bin ich da“, versprach Mehmet. Und hielt Wort.

Sie gingen durch den Park, dann über die Straße und blieben vor dem Haus stehen, in dem Ulf wohnte. Dort warteten sie, bis Ulf wie immer um diese Uhrzeit das Haus verließ.

„Was wollt ihr denn?“, blaffte Ulf gleich los.

„Alle wissen jetzt, dass ein Knödel das Fahrrad geklaut hat“, sagte Mehmet. „Wäre blöd, wenn Herr Obermeyer auch noch erfährt, dass es *dein* Ball war, der in sein Fenster geflogen ist, oder? Gib Pedro sofort seinen Ball wieder.“

„Pah! Verschwindet!“ Ulf spuckte auf den Boden und wollte an ihnen vorbeistürmen.

Auf ein Handzeichen tauchten plötzlich Diego, Uhuru, Max und Zachi hinter den Büschen auf und stellten sich zu Mehmet.

„Her mit dem Ball! Wir warten!“, rief Mehmet nach oben.

Jetzt begriff Pedro, dass Mehmet beim Abholen gar nicht hoch in die Wohnung gegangen war, sondern im Hinterzimmer des Imbisses den anderen Haien eine Nachricht gesendet hatte.

Ulf zuckte zusammen und verschwand im Hauseingang. Kurz darauf kam er zurück – und warf den Ball mit einer abfälligen Handbewegung vor Pedros Füße.

„Endlich!“ Pedro presste seinen geliebten Ball an sich und küsste ihn.

Mehmet, Diego, Uhuru, Max und Zachi klatschten jubelnd Beifall. Dann sprinteten die Haie los, und Ulf blieb allein in der Haustür zurück.

„Hey!“, rief er den Haien hinterher. „Und was ist mit meinem Ball?“

Pedro hielt Ulfs Ball immer noch in seiner

linken Hand an den Bauch gedrückt, während er Opas Ball unter dem rechten Arm trug. Er schlug Ulfs Ball in weitem Bogen in die Büsche der kleinen Gartenanlage vor dem Haus.

„Jetzt aber Tempo, Ulf. Sonst schnappt ihn jemand weg! Hier in der Gegend soll es ja fiese Diebe geben!“

Die Jungs lachten. Und rannten davon.

DIE GROSSE SPENDENGALA

Pedro befestigte gerade eine Ecke der Brasilienflagge, die sich von der Wand gelöst hatte, als es an der Haustür klingelte. Pedro streckte den Kopf aus dem Fenster.

„Kann ich das noch bei dir abstellen?“, rief Max nach oben. „Ein Fußballtor für kleine Kinder!“ Er hob einen großen Sack in die Luft.

„Ist damit auch alles in Ordnung?“, fragte Pedro.

„Alles drin, alles dran!“, beteuerte Max. „Ist nagelneu!“

Pedro schloss sein Fenster und lief das Treppenhaus hinunter, um für Max den Keller aufzuschließen. Gemeinsam legten sie den Sack zu den anderen Sachspenden.

„Ich helfe Mehmets Vater morgen beim Einpacken“, verkündete Max.

Pedro aber hörte ihm gar nicht richtig zu, sondern sah ständig auf seine Armbanduhr. Max wusste: Die trug Pedro nur, wenn etwas Besonderes anlag. Etwas, das Pedro auf keinen Fall verpassen wollte.

„Heute noch was Wichtiges vor?“, fragte Max.

„Nur noch eine Stunde, dann kommt mein Opa hier an!“, sagte Pedro.

„Das heißt, wir trainieren gleich ohne dich?“

Pedro nickte. Nur ein einziges Mal hatte er bisher bei einem Training gefehlt. Da war er krank gewesen. Diesmal aber war er kein bisschen traurig, dass er ein Training versäumte. Zu sehr freute er sich auf seinen Opa aus Brasilien. Erst viermal hatte Pedro ihn getroffen. Brasilien und Berlin waren einfach zu weit voneinander entfernt für regelmäßige Besuche. Nun endlich war es wieder so weit.

Gemeinsam mit seinen Eltern wartete Pedro in der Ankunftshalle des Flughafens auf seinen Opa. Laut Anzeige war dessen Maschine bereits vor einer halben Stunde gelandet. Sein Gepäck musste er also auch schon haben.

„Wo bleibt er denn?“, drängelte Pedro. Doch dann sah er ihn.

Mit ausgebreiteten Armen lief er auf seinen Opa zu.

„Pedrito!“ Freudig drückte Opa seinen Enkel an sich. Erst danach begrüßte er Pedros Eltern herzlich.

Während der Autofahrt nach Hause fragte Opa gleich: „Spielen wir nachher zusammen eine Runde?“

„Klar!“ Das musste Opa nicht zweimal fragen!

Natürlich hatte Pedro alle Fußball-Haie informiert, die schon gespannt auf dem Platz warteten und Pedros Opa neugierig umringten, als er den Platz betrat.

An ein Fußballspiel war nicht zu denken, denn besonders Max und Zachi wollten zuerst genau erfahren, wie Pedros Opa es geschafft hatte, an Neymars Unterschrift zu kommen.

Erst danach konnten sie sich aufteilen und ein Spielchen beginnen, wobei Opa natürlich in Pedros Mannschaft spielte. Tim und Tom sowie Diego spielten in der gegnerischen. Besonders Diego brannte vor Ehrgeiz, Pedros Opa auszuspielen, was ihm aber trotz aller Bemühungen nie gelang. Irgendwann gab Diego es auf und musste neidlos anerkennen, dass Pedros Opa wirklich so einiges draufhatte.

Pedros Opa freute sich, dass er nicht nur bei dem Geburtstagsfest seines Sohnes dabei sein konnte, sondern sogar den Fußball-Haien ein paar wirklich gute Dribblings und Tricks beibringen konnte. Die Haie erstarrten fast vor Ehrfurcht, als Pedros Opa vor einem Trick ankündigte: „Und den hier hat mir Neymar

persönlich beigebracht, als ich ihn im Rahmen einer Spendengala traf. Ganz ähnlich wie eure Spendenaktion."

***

Natürlich ließ Pedros Opa es sich nicht nehmen, zusammen mit Pedro an der Spendengala teilzunehmen.

Als die beiden am Sonntag den Platz betraten, war dort schon mächtig was los. Auf einer großen Bühne wurden alle Sachspenden präsentiert, und die Besucher kauften bereits fleißig ein. An einer Digitalwand wurde in leuchtend roten Ziffern angezeigt, wie der aktuelle Stand der Spendensumme war.

Als Pedro mit seiner Familie dort eintraf, waren es immerhin schon 550 Euro und 50 Cent.

Allerdings waren 5.000 Euro das Ziel! War das überhaupt zu schaffen?

Pedro hoffte es. Er und seine Haie jedenfalls

hatten sich nach Kräften bemüht. Und der Tag war ja noch lang. Erst mal musste sich Pedro um etwas anderes kümmern.

Da der Sparri ja für das große Fest und die Spendengala gesperrt war, gab es kein Fußballspiel. Stattdessen fand ein spannendes Torwandschießen statt. Die Haie traten ebenso an wie die Knödel und einige Mannschaften aus anderen Stadtteilen.

Aber auch einzelne Spieler durften teilnehmen.

So wie der Junge, der sich jetzt den Ball für die sechs Schüsse auf die Torwand zurechtlegte. Den kannte Pedro doch, oder?

Richtig! Es war der Junge, der mit der Dose gekickt hatte. Pedro ging auf ihn zu. Diesmal lief der Junge nicht weg.

„Viel Glück!“, wünschte Pedro ihm.

„Viele Danke!“, sagte der Junge, schoss aus dem Stand und traf in das untere Loch in der rechten Torhälfte.

„Wow!“ Pedro klatschte Beifall.

„Heiße Naweed. Du?“, fragte der Junge. Und legte sich den Ball für den nächsten Schuss zurecht.

„Pedro!“, antwortete Pedro.

„Hallo, Pedro!“, sagte Naweed, schoss und – traf erneut.

Pedro jubelte. Auch die anderen Haie, die inzwischen dazugekommen waren, applaudierten.

Es war unglaublich, aber auch die nächsten vier Schüsse verwandelte dieser Naweed.

„Sechs Schuss – sechs Treffer! Phantastisch. Das hat es hier noch nie gegeben. Selbst Diego hat bisher nur vier geschafft!“

Da trat Dimitri an Pedro heran und flüsterte ihm ins Ohr, dass sich Bobby abgemeldet hatte. „Der liegt mit Fieber im Bett.“

Pedro ahnte gleich, worauf Dimitri hinauswollte. Ihnen fehlte ein Hai beim anschließenden Mannschaftsschießen gegen die Knödel.

Dimitri und Pedro schauten lächelnd zu Naweed.

„Verstehst du deutsch?“, fragte Pedro.

Naweed nickte zaghaft und erzählte, dass er seit fünf Monaten in Deutschland sei und afghanischer Nationalspieler werden möchte.

„Ich gut spiele Fußball!“, sagte er stolz.

„Allerdings!“, bestätigte Pedro ihm.

„Was ist denn hier los?“, fragte Ulf, der mit Porky angedackelt kam.

„Hallo!“ Naweed lächelte freundlich und begrüßte Ulf mit ausgestreckter Hand.

Ulf behielt seine Hand bei sich. „Wer ist er denn?“

„Ich Naweed“, sagte Naweed. „Ich bin ein Hui!“

„Wat biste?“, fragte Ulf.

Die Haie kicherten.

Dimitri flüsterte Naweed ins Ohr. „Nicht Hui, sondern Hai. Wie shark, you know? The fish: Hai."

Ulf hatte das mitgehört und lachte. „Ja, wie Fischstäbchen!"

„Ja!", lachte Naweed freundlich zurück. „Und du: Gnödel?"

Das Lachen der Haie wurde erst durch den Anpfiff fürs Mannschaftsschießen unterbrochen, das die Haie dank Naweed haushoch gewannen.

***

Inzwischen war die Spendensumme auf 3.755,90 Euro gestiegen.

Das reichte noch immer nicht.

Pedro lief zu seinem Opa und fragte: „Darf man Geschenke eigentlich auch weiterverschenken?"

Pedros Opa stutzte und überlegte.

„Für einen guten Zweck?", fragte er dann und

gab die Antwort gleich selbst: „Das kann jeder selbst entscheiden."

„Okay. Danke, Opa", sagte Pedro und flitzte los.

Nach ein paar Minuten war er zurück. Mit Opas Ball in der Hand, den er an der Bühne abgab.

Der Moderator nahm ihn dankend entgegen und verkündete, dass er diesen besonderen Ball nun versteigern werde.

„Wer bietet mehr als 50 Euro?", fragte er über Lautsprecher.

„Nur fünfschig?" Zachi und Pedro starrten entsetzt zu Pedros Opa.

„Abwarten", sagte er und klopfte Pedro auf die Schulter.

„80, 100, 110 ...", hörte man die Zahlen über den Platz dröhnen. „240 Euro ist das letzte Gebot. 240 zum Ersten ... 240 zum Zweiten ... 240 zum Dritten. Herzlichen Glückwunsch! Der Ball geht an den Herrn dort unten!"

Der Mann schälte sich aus der Menge, zahlte

die 240 Euro und nahm den Ball entgegen. Pedro traute seinen Augen nicht.

„Dasch ischt ja …!“, stotterte Zachi.

„Herr Obermeyer!“, bestätigte Pedro.

Am Ende der Spendengala waren 4.990 Euro zusammengekommen.

„Stopp! Es sind … “, rief Pedros Opa und wedelte mit einem Zehn-Euro-Schein. „5.000!“, half Pedros Vater bei der Übersetzung.

Die Fußball-Haie jubelten. Naweed streckte Pedro den erhobenen Daumen entgegen. Das Publikum klatschte Beifall. Opa hob Pedro in die Luft und drehte sich zweimal mit ihm im Kreis. „Juhuu! Juhuu!“

Die größte Überraschung aber lag vor Pedros Haustür, als die Familie heimkam.

Da lag – mit einer roten Schleife verziert – Opas Ball mit Neymars Unterschrift auf der Fußmatte. Und ein Zettel mit der Aufschrift: „Für den edlen Spender!“

für den edlen Spender!
KARŞILAMA
FOGADTATÁS
BIENVENIDA
VELKOMMEN

NEYMAR

Geburtstag: 05.02.1992

Geburtsort: Mogi das Cruzes, Brasilien

Größe: 1,74 m

Position: Sturm

Verein: FC Paris S.-G.

Neymar da Silva Santos Júnior, genannt Neymar, spielte ab 2003, mit elf Jahren, für den brasilianischen Club FC Santos. 2009 schaffte er den Sprung in die erste Mannschaft. Obwohl das Nachwuchstalent bald Angebote von europäischen Topvereinen bekam, blieb Neymar dem FC Santos und seinem Heimatland Brasilien lange treu. 2011 und 2012 wurde er zu

Südamerikas Fußballer des Jahres gekürt. 2013 wechselte er zu dem spanischen Verein FC Barcelona, mit dem er große Erfolge feierte. Seit 2017 ist er beim FC Paris Saint-Germain unter Vertrag.

Besondere Fähigkeiten:

- extrem torgefährlich
- stark im Zweikampf
- hohe Spielintelligenz

Größte Erfolge:

- Champions-League-Sieger 2015 mit FC Barcelona
- Spanischer Meister 2015 und 2016 und Pokalsieger 2015, 2016 und 2017 mit FC Barcelona
- Südamerikas Fußballer des Jahres 2011 und 2012

LESERÄTSEL

1. Wer nimmt Pedro den unterschriebenen Ball weg?

   V: Porky

   B: Ulf

2. Aus welchem Land kommt die Mutter von Mehmet und Laura?

   R: Dänemark

   U: Belgien

3. Was wurde Herrn Obermeyer geklaut?

L: Das Auto

I: Das Fahrrad

4. Wer besucht Pedros Familie?

E: Opa Antonio

A: Opa Carlos

5. Was findet bei der Spendengala statt?

F: Torwandschießen

K: Wettrennen

Lösungswort:

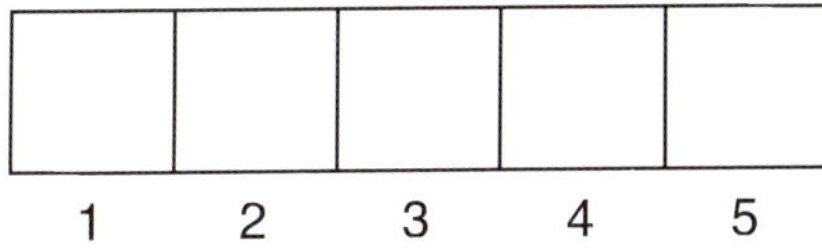

Hast du das Lösungswort gefunden? Dann schreibe es auf eine Postkarte und schicke sie an uns oder sende uns eine E-Mail. Unter allen Einsendern verlosen wir jeden Monat tolle Buchpakete!

S. Fischer Verlag
Fußball
Hedderichstraße 114
60596 Frankfurt am Main
superhelden@fischerverlage.de

WIE WÜRDEST DU ENTSCHEIDEN?

Hier sind zwei Fragen zum Nachdenken für dich!

1. Was denkst du darüber, dass Pedro seinen Ball zurückklauen wollte?

2. Hättest du den Ball mit der Unterschrift von Neymar gespendet?

ZEICHNE DEINEN LIEBLINGSSPIELER!

Trage den Namen und den Verein deines Lieblingsspielers ein und zeichne ihn auf die rechte Seite!

Trenne danach die Seite vorsichtig heraus. Jetzt kannst du sie sammeln und in dein persönliches Fußball-Album kleben, sie verschenken oder in deinem Zimmer aufhängen!

Name: ___________________________

Verein: ___________________________

Die Fußball-Hai

Fußball-Haie: Spieler gesucht!
ISBN 978-3-596-85633-6

Fußball-Haie: Das große Turnier
ISBN 978-3-596-85634-3

Fußball-Haie: Ein Team startet dur
ISBN 978-3-596-85635-0

Fußball-Haie: Kampf um den Bolzplatz
ISBN 978-3-596-85636-7

Fußball-Haie: Spiel mit Biss
ISBN 978-3-7373-5199-7

Fußball-Haie: Duell im Fußballcar
ISBN 978-3-7373-5200-0

edes Buch ein Treffer!

Fußball-Haie: Torwart vermisst!
ISBN 978-3-7373-4029-8

Fußball-Haie: Böses Foulspiel
ISBN 978-3-7373-4030-4

Fußball-Haie: In der Abseitsfalle
ISBN 978-3-7373-4083-0

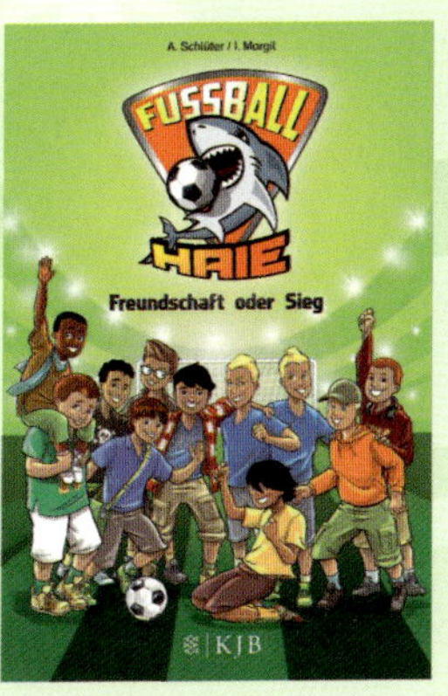

Fußball-Haie: Freundschaft oder Sieg
ISBN 978-3-7373-4084-7

TOR